PROLOGO

El súper guanaquito ha sido creado para que leyendo
coloreando aprendas y medites Y despertemos, nos
levantemos y trabajemos y limpiemos nuestro hogar,
salvemos nuestras vidas, y protejamos el mundo. Donde
vivimos, y así alargamos nuestra estadía y la de nuestros hijos
en esta tierra. El súper guana quito es una historia de un
mundo destruido por la ignorancia de unos pocos y el ocio y
la indiferencia de muchos que no hicieron nada por su
mundo. Por ayudar ni colaborar en conservar lo que oso
guardián con esfuerzo lograba, mantener limpio y bonito y
fresco ese mundo, Y sabemos que todo oso debe dormir y
morir. Y hoy debemos de despertar prepararnos y trabajar y
enseñarles a nuestros hijos a ser un súper héroe con este
mundo, No esperes más que tu casa se llene de agua y basura
y se inunde por tu indiferencia e ignorancia de tirar la basura
en el tragante en la calle sabiendo que no es un basurero
No destruyas tu casa tu país tu continente tu mundo
despierta El súper guanaquito ecológico
 Autor Marvin capacho porque es más fácil crear un hábito y
sembrar la semilla en los más pequeños del hogar y que sean
ellos quien les enseñe al adulto que enseñarle y castigar al
adulto con malos hábitos.

En osolandia un osito reprendía a su hermano siempre que la basura en su lugar no tiraba, nadie y todos lo conocían cuando la basura tiraban donde el basurero no estaba porque el osito guardián de su hermano aparecía y lo reprendía. Y así osolandia era el lugar y país que todo oso en este mundo deseaba vivir y estar.

Un día un niño conocer quería a su hermano, el oso guardián que aparecía y vivía en osolandia y dentro de él estaba, se miró al espejo para irse al colegio y ahí estaba el osito guardián, se preparó para al parque salir y ahí estaba osito guardián de su hermano y de osolandia. Esperaba el bus que al colegio lo llevaría y ahí viajaba el osito guardián y reprendía al hermano que basura a la calle tiraba.

Y llegaba al colegio y a la maestra ayudaba y atento estaba y estudiaba y enseñaba y toda esa escuela limpia estaba y los arboles cuidaban los pupitres y aulas cuidaban las paredes no manchaban porque su falta de preparación demostraba la basura en su lugar estaba porque osito guardián ahí estudiaba. Y osito guardián eres tú. Porque tú eres el súper héroe de osolandia de este mundo el guardián de su hermano, el que enseña ayuda y pone la basura en su lugar. Y cuando viajaba al mar en el espejo del mar se veía y meditaba y en él un súper héroe miraba para la humanidad porque el oso guardián de osolandia y de tu mundo eres tú. Y el espejo le decía he visto alguien igualito a ti botando basura y talando árboles y contaminando ríos y lagos y osito guardián sorprendido preguntaba ¿quién. Pues tú y el espejo lo reprendía y sucio estaba y las evidencias lo condenaban, y el súper héroe eres tú y el que bota la basura eres tú. Pero reprendido el osito cambio de actitud y buenas costumbres aprendió y practico, y así osolandia fue la ciudad y el país más fresco y limpio de ese mundo.

Y en la playa los huevos de mama tortuga cuidaba y reprendía al hermano lobo que los huevos devoraba, y cuidaba que los hijos de mama tortuga regresaran, los huevos repoyaran, y sus hijos en este mundo la luz encontraran y caminaran de regreso en busca de su hogar y su madre y su destino en el mar encontraran.

Y el oso cuidaba y reprendía para que su hermano los huevos de mama tortuga no vendiera ni se comiera, el hermano eres tú, el lobo eres tú, el que se los come y los compra eres tú. No te comas una vida mama tortuga en el mar espera que su hijo regrese a salvo de este mundo, como mama osa espera que osito guardián regrese a casa listo y preparado y a salvo de la escuela y encuentre el camino a casa como mama tortuga y como un súper héroe.

Y el padre de todos los súper héroes en agradecimiento les daba todo lo que era bueno para ellos, si no era así no se los daba y si los necios insistían el padre triste se los daba pero las consecuencias pagaban, y lecciones y experiencia aprendían, pero si eran humildes y le hablan al padre, el contento se ponía y los perdonaba, y oso guardián con su hermano muy felices cuidaban de osolandia su mundo donde Vivian su casa y su lugar limpio mantenían.

Y el tiempo de invernar llego osito guardián comió y se durmió y como a sus hijos no les enseño que debían de trabajar duro y proteger y ser guardianes de ese mundo no protegieron a osolandia y sus hermanos contaminaron los ríos, los lagos y la basura en la calle tiraron y destruyeron ese mundo bello hermoso y saludable que había construido con trabajo y dedicación.

Y ahora en sus sueños se esforzaba y ayudaba a este mundo para que la basura en la calle no tiraran que su mundo de ensueño su hogar su casa cuidaran y que despertaran, porque los malvados tirando basura talando árboles y contaminando ríos lagos en este mundo de ensueño estaban. Y el súper héroe para este mundo no quería porque no tendría donde soñar donde vivir con sus hermanos y su familia. Y triste se sentía de ver la indiferencia e ignorancia de sus hermanos porque dormidos no veían que su mundo su hogar destruían.

Y mientras tu dormías una bomba atómica de basura construían y si no se detenían el mundo destruirían pero el súper héroe despertó y lo evito y la bomba desarmo el malo y el súper héroe eres tu despierta deja de soñar en otro mundo, no te duermas tu mundo, tu hogar temporal ahora es donde estas cuídalo protégelo y cambia de actitud.

Y el súper héroe enseñaba y reprendía y cuidaba que basura en lugares prohibidos no tiraran porque con su acción el mundo intentaba destruir. Tu hogar pero el mundo contaba contigo para cuidarlo protegerlo y limpiarlo porque tú eres el súper guanaquito ecológico.

Y por un tiempo limpia y fresca era la ciudad y aquel país de ensueño porque los arboles no talaban porque todos eran guardianes de sí mismos y de su hermano y la basura en su lugar tiraban y arboles sembraban y no talaban y en los ríos especies y larvas tiraban para que todo aumentara y diera buen fruto ya sus hijos enseñar a pescar y ganarse la comida.

Y enseñaba a reprender y educar al hermano cuando la
basura tirara y los arboles talara y la basura en su lugar no
depositara en la escuela en el parque en el bus en la calle,
donde se veía al hermano basura tirar y el basura no estar
porque los necios y burros no entendían y aumentaban. Y en
ese mundo de ensueño las playas eran limpias y el agua
cristalina y cuando de paseo llegaba la basura en su lugar
depositaba porque amor a osolandia había tenido y ese
mundo donde estaba respetaba y admiraba y lo demostraba
por su mundo por el mar y por sí mismo y reprendía a su
hermano cuando la basura el medio ambiente y así mismo no
respetaba.

 Cuida respeta y coloca la basura en su lugar cuida lo que te
rodea porque tú eres el centro de todo para tu beneficio
respétate respeta a tu hermano y cuidemos de osolandia
nuestro hogar nuestro mundo nuestro lugar de ensueños
donde tú vives porque nadie más lo hará porque tú eres el
súper héroe y si te vez en el espejo el hermano y el súper
héroe veras y hoy eres tu mañana tus hijos serán si les enseñas
un súper héroe para el mar para la tierra y para la humanidad.
Y el padre de los súper héroes contento estaba   porque los
arboles el mar los ríos cuida en ese mundo de ensueño y la
vida y los sueños de todos alargaba y el padre era dios y feliz
con el osito y sus hermanos estaba y les mandaba agua para
las plantas para vivir y el sol para las flores y su vida en ese
mundo aumentar y osito había hecho de osolandia un paraíso
pero mientras en otro mundo los malvados destruían su
hogar
Mientras que el oso protegía su hogar de seres que querían
ver ese lugar hermoso de sueños y felicidad destruido lleno
de basura y un desierto sin árboles y agua donde todos
morían de hambre y sed y un basurero lleno de enfermedades
moscas y calamidades.

Y el súper héroe despertó y regreso de ese mundo de
ensueño donde había viajado en sus sueños mientras dormía
y ayudaba como todo un súper héroe y despertó y ya era tarde
para su mundo su hogar porque sus hermanos lo habían
destruido mientras el dormía y ayudaba y despertaba a los
demás en otro mundo llamado el mundo de los sueños.
Y ya despierto vio la realidad de su mundo y triste de ver a
sus hermanos morir de sed y hambre por su propia maldad e
ignorancia e indiferencia y morían de enfermedades de la
basura y la destrucción de su hogar.
Y el súper héroe pidió la padre por ayuda para su mundo y
sus hermanos pero ya era tarde y pagaban las consecuencias
de sus acciones pero el padre en agradecimiento por su
esfuerzo que había hecho por el medio ambiente lo mando a
otro mundo a seguir su misión y así paso el umbral la puerta
a este mundo y así súper guanaquito ecológico apareció en
este mundo de preparación. Para aprender y enseñar.
Y el súper guanaquito ecológico y el hermano que de otro
mundo ha venido eres tú, y hoy tu eres el guardián de esta
tierra y de tu hermano y debes de ser un súper héroe un osito
un niño guardián y a tu hermano enseñar corregir que tu
planeta es tu hogar tu casa que debes de cuidar y limpiar
proteger de la basura en la calle. Y no tirar en los ríos lagos
para no contaminar y arboles sembrar y no talar y de los buses
basura no tirar y la basura en su lugar depositar. Y exigir
basureros en los buses en todo lugar accesible, en todo lugar
para la basura depositar en su lugar, y baños para la
transformación del hombre animal evitar.
 Reprenda y enseña porque nadie más lo ara porque tú eres el
súper héroe el guardián que de otro mundo ha venido
prepárate. Y despierta y no te duermas o destruirán tu mundo

Y en este mundo el súper héroe se encontraba con el corazón y
el amor de una madre que era tan grande que tapaba el horror
y la maldad de su hijo y no lo corregía pero el amor no lo
protegía del error y cuando el corazón se movía la mancha
quedaba y solo el fuego lo quemaba.

Y el súper héroe avía detectado al enemigo y era el corazón
de aquella madre que no sabía manejar el medio del amor y
daba la información al que la ley representaba y rápido salían
a pelear esa batalla que con el enemigo tenían y los súper
héroes junto a su padre esa lucha peleaban y empezaron a
buscar que armas usar y cual más les gustaba y en una caja
zapatos suaves encontró su padre se los cambio y rápido a
luchar salió.

Y el súper guanaquito ecológico ahí se quedó buscando los
que más le gustaban y no encontró, y se puso de nuevo los
que andaban y salió a luchar.

En el camino una maestra encontró que clases a niños daba, y
les preguntaba que van hacer cuando su maestra se vaya. El
súper héroe medito y regreso por sus zapatos nuevos y de
valor y su tiempo perdió por no hacerle caso a su padre. Y
regreso por sus zapatos y un niño cargaba, y era su hijo que ya
enseñaba a jugar y a luchar y las armas usar y buscar la
preparación para pelear, y las armas eran los libros y los
zapatos la preparación y el amor de una madre era su
perdición con la sobreprotección porque la ley se violaba y la
justicia llegaba y se lo llevaba.

Y en el camino súper guanaquito encontró un kiosko que ropa
vendían y una escuela en medio de ellas pasaba y desde
afuera escuchaba lo que la maestra enseñaba y en el kiosco
una mujer preguntaba por camisas y al súper héroe miraba
con interés y a su hijo enseñaba una lección como lo emocional
controlaba y el camino seguía porque una lucha tenia y el
tiempo para lo emocional no había llegado porque eso solo lo
detendría en su preparación y lucha y su futuro y su hijo
sabotearía.

Y pensaba cuantos compañeros de esa pelea y su lucha con

vida no regresarían si el tiempo en su preparación perdía.
Previo veía jugar a su hijo con su madre y el hijo feliz
preparándose estaba pero algo pasaba por la falta de
preparación de la madre porque al hijo el pelo quitaba y liso
hoy estaba sin preparación y lo mismo pasaba con muchas
madres que la fuerza y las oportunidades a sus hijos con la
falta de educación y la sobreprotección a sus hijos   las
oportunidades de luchar fuertes en la vida les quitaban
Y preparados para la guerra ,emocional, intelectual y
espiritual no estaban y eran los que más rápido caían y sufrían
por no cumplir como padres de enseñarles desde pequeños
lecciones de valor, la verdad el evangelio en las escuelas de la
vida y prepararlos como vencer la tentación, y a luchar en la
vida y el súper héroe preparaba y se preparaba emocional
espiritual e intelectualmente para ser un buen soldado y líder
en la lucha, y la guerra de la vida por sobrevivir en este
mundo, y el súper guanaquito eres tu prepárate.
Y como el súper héroe aprendía jugando coloreando y leyendo
y mientras jugaba en la arena triste estaba porque cascarones
de huevos encontraba, y por falta de previa educación
mientras se preparaba los lobos se comían los huevos de
tortuga madre que triste lloraba porque su hijo no regresaba.
Y así súper guanaquito convirtió su mundo y este en un
paraíso preparándose. En las escuelas emocionales
espirituales e intelectual y a sus hijos enseño como prepararse
para la tierra su mundo su nuevo hogar proteger, y
reprender y cuidar lo que su padre les había enseñado, y así la
tierra su hogar se convirtió en un lugar limpio que todo súper
guanaquito ecológico deseaba vivir.
Y su legado pasó por generaciones y todos se convirtieron en
súper héroes listos y preparados. Y el que no se preparaba
fracasaba y su castigo recibía dándole otra oportunidad para
que enmendara los errores, y así los súper héroes y tú
convirtieron, su casa la escuela la comunidad y su mundo en
un lugar limpio y fresco y saludable. Y este cuento se termino

3
ESCUELA
BASURA
LENGUAJE

BASURA

BASURA
DEPOSITE
LA BASURA
EN SU LUGAR

BASURA
NO Tire la Basura
DEPOSITELA EN SU LUGAR

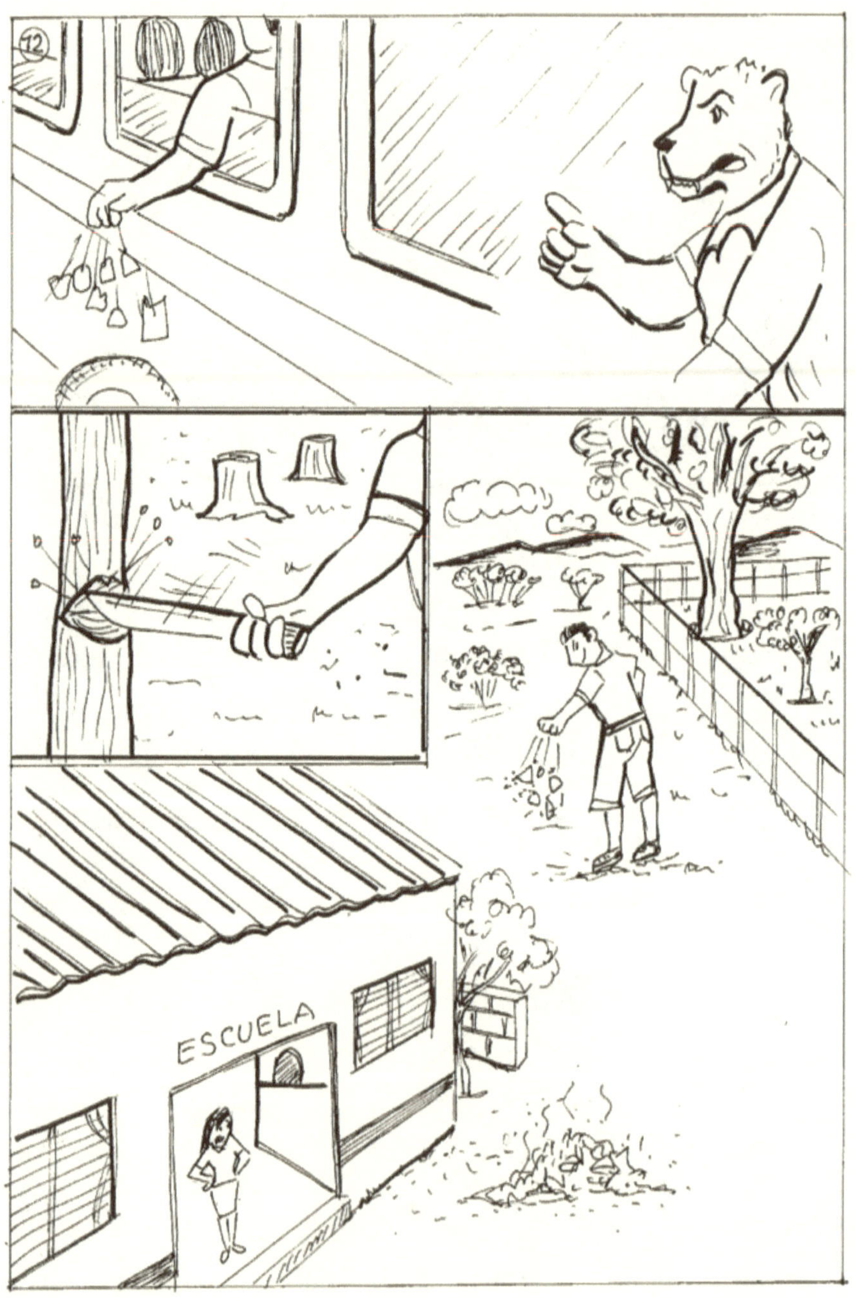
12
ESCUELA

DEPOSITE
AQUI
LA BASURA

14
BASURA
AQUI
OSOLANDIA
S

Y el Super Heroe ere.tu !!

16

18
BASURA
BASURA
BASURA
DEPOSITO DE BASURA

Madrecita protectora con la maldad de su hijo...

20
CALZADO

27
BAZAR
ESCUELA
BASURA
DEPOSITO

Los hombres y mujeres fuertes e invencibles son los que fortalecen sus rodillas. Sus manos su cerebro y su corazón

Quien en su sano juicio tira basura en el tragante de su casa
para que cuando llueve se inunde

y este mundo es tu casa.

Limpia tu espacio-
 Autor Marvin capacho

23

GUANAKITO
BIENVENIDOS A OSOLANDIA
BASURA AQUI
GUANAKITO